4

NOUVELLE DÉNONCIATION DE M. MARAT, L'AMI DU PEUPLE, *CONTRE* M. NECKER, PREMIER MINISTRE DES FINANCES, OU SUPPLÉMENT A LA DÉNONCIATION D'UN CITOYEN, *CONTRE* UN AGENT DE L'AUTORITÉ.

Vitam impendere vero.

A PARIS,
Chez ROZÉ, rue des Prêtres S. Severin, N°. 8.

1790.

NOTICE DE L'AUTEUR.

Cet écrit auroit [illegible] des Dénonciations de M. N[illegible] diction militaire (1) faite [illegible] janvier 1790. Quoi que [illegible] écoulé, il ne viendra pas trop tard tant que l'homme [illegible] éclairer l'administration [illegible] des affaires.

Il contient [illegible] inculpations [illegible] graves [illegible] lira, & [illegible] s'apperçoit que [illegible] yeux.

(1) [illegible]

NOTICE DE L'AUTEUR.

Cet Ecrit auroit suivi de très-près ma Dénonciation de M. Necker, pour l'expédition militaire (1) faite contre moi le 22 janvier 1790. Quel que soit l'intervalle écoulé, il ne viendra point trop tard, tant que l'homme dont il est destiné à éclairer l'administration, sera au timon des affaires.

Il contient des preuves juridiques des inculpations du ministre des finances : preuves superflues pour le lecteur qui sait lire, & indispensable pour le lecteur qui n'apperçoit que les objets qu'il a sous les yeux.

---

(1) Tout le monde fait que la municipalité, ou plutôt le ministre des finances, mit sous les armes douze mille hommes pour me faire enlever : par cette belle équipée, on peut sentir à quel point il redoutoit le peuple, dont je ne cessois de défendre les droits.

Je ne doute nullement que des citoyens sans civisme ne taxent d'acharnement mon zele à poursuivre M. Necker ; & je me piquerois moi-même moins de constance, si je connoissois moins son caractere ; je conviens qu'il ne seroit pas aisé de le remplacer du côté des lumieres : rarement trouveroit-on un administrateur aussi instruit, aussi appliqué, aussi versé dans les affaires : mais dans les circonstances actuelles, c'est précisément sa capacité qui m'allarme : ce sont les ressources de l'esprit, la finesse, la subtilité, l'audace, la tenacité, qui rendent un premier ministre redoutable, quand il n'est pas animé de l'amour du bien public.

Assurément on n'enchaînera plus le peuple par la force : mais après tout ce qu'il a fait pour recouvrer sa liberté, après les dangers auxquels il s'est exposé tant de fois, les fatigues incroyables qu'il a essuyées, la disette qu'il a soufferte si long-temps, il seroit affreux qu'il vint à perdre le fruit de tant de sacrifices, par l'astuce des hommes qui tiennent les rênes de l'Etat. Ils ne cessent de redemander le pouvoir exécutif, pour resserrer les liens de l'autorité, comme si c'étoit quelques mois de plus de relâchement, de souffrances, de misères, qui doivent empêcher la nation d'aller, avec sagesse, à son but. Le plus grand malheur qui puisse lui arriver, est de voir réduire en fumée les préparatifs de la régénération de l'empire, de voir les anciens ressorts du gouvernement se remonter. Et s'il est vrai qu'il y a de la folie à prétendre que le cabinet soit composé d'amis de la patrie, qui joignent les vertus aux talens; ce qui peut lui arriver de plus heureux jusqu'à ce que la liberté publique soit assurée, c'est d'avoir à la tête du ministère, des hommes sans fermeté, sans tenue, sans vues, sans capacité, des hommes incapables d'empêcher la machine politique de s'organiser de la maniere la plus propre à faire triompher la justice, à ramener l'abondance (1) & à cimenter le bonheur commun.

---

(1) On parle de remplacer M. Necker par M. Claviere, autre agioteur génevois, dont quelques charlatans intéressés ne cessent de prôner les talens, mais qu'il importe souverainement d'écarter du timon des affaires : il commenceroit par nous fasciner de quelque nouveau projet, & finiroit par épuiser nos dernieres ressources. Je le répete, ce n'est qu'en tranchant dans le vif, en réduisant l'armée de moitié, en supprimant toutes les pensions accordées aux hommes qui ont de la fortune, en réformant toutes dépenses superflues dans chaque département de l'administration, & en simplifiant la gestion des deniers publics, que l'Etat peut revenir au-dessus de ses affaires. On dit que les sources de l'abondance sont taries : je n'en crois rien ; faites voir au peuple que vous voulez sincèrement son bien, & il s'empressera de venir à votre secours.

[5]

NOUVELLE DÉNONCIATION DE M. MARAT, L'AMI DU PEUPLE, CONTRE M. NECKER, PREMIER MINISTRE DES FINANCES.

LORSQUE j'ai accusé M. Necker (1) d'avoir amené sur la France les fléaux de la disette & de la contagion (2), en réduisant ses malheureux habitans à la cruelle nécessité de se nourrir d'un aliment gâté, dont ils ne peuvent pas même appaiser leur faim : lorsque j'ai accusé la municipalité Parisienne

(1) Voyez les numéros 12, 15, 22, 25 & 26 DE L'AMI DU PEUPLE.

(2) Dans le nombre, il en est une qui équivaut aux preuves directes les plus palpables ; c'est que la disette & la mauvaise qualité du pain, qui n'avoient pour prétexte que la rareté du bled, durent encore malgré la derniere récolte ; récolte si abondante qu'elle suffiroit seule à l'approvisionnement du Royaume pendant deux années.

d'avoir connivé avec le ministre des Finances, & de lui prêter l'appui de la force publique, pour consommer ces forfaits odieux, je n'avois en preuve de ses malversations que des faits indirects, mais notoires, & des inductions (1) irrésistibles, tirées de la marche des affaires comparée aux évenemens : inductions toujours sûres pour l'observateur qui connoît les ressorts de la politique, le jeu des passions humaines, les rubriques des agens de l'autorité.

Dès-lors, des zèlés citoyens m'ont fourni des preuves juridiques à l'appui de mes inculpations. Ces preuves sont développées dans différentes lettres authentiques, qui se trouvent sous les scellés de mon appartement : elles sont de nature à déciller enfin les yeux d'un peuple abusé. Je sens tout le poids qu'elles donneroient à cet écrit : mais le temps presse ; & si je me détermine à le mettre au jour, c'est que plusieurs faits notoires peuvent les suppléer, c'est que nos maux sont à leur comble, c'est qu'on ne peut trop se hâter d'y apporter remede en proscrivant leur auteur.

De tout temps parmi nous, des ministres, de

(1) Depuis cinq mois on a proposé à l'Assemblée Nationale d'ordonner à M. Necker de représenter tous les traités que le gouvernement a faits avec des compagnies au sujet des subsistances. Soit que l'assemblée ait négligé de faire cette demande, soit que le ministre l'ait éludée, on est encore à avoir là-dessus le moindre renseignement.

La présentation de ces pieces est indispensable, de même que l'examen scrupuleux de toutes les opérations de ce genre. Mais il importe que cet examen ne soit pas fait par les membres du comité des finances, au nombre desq[illegible] ceux qui font le travail avec le ministre, ne sont ni les plus i[illegible]traits ni les plus désintéressés.

grands

grands seigneurs, des chefs de la magistrature, des employés & d'adroits frippons, ont exercé d'affreux monopoles: brigandage publics, auxquels se trouvent presque toujours intéressés des valets & des catins de la cour.

Dans le nombre des manuscrits trouvés à la bastille, il en est un qui rapporte certain pacte de famine générale, dénoncé au Roi par le nommé Prévost, que le sieur de Sartine fit renfermer après lui en avoir arraché les copies: voici les principales clauses de ce pacte exécrable. « Le 12 juillet 1765, » M. de Laverdy, donnant à bail pour douze » années consécutives le royaume de France à » trois publicains, qui prenant la qualité d'inté- » ressés dans les affaires du Roi, les autorise d'en » enlever tous les grains qu'ils pourront amasser, » & de les faire exporter où il leur conviendra. » La caisse générale rendra ses comptes chaque » année, au mois de novembre, & pour que le » ciel verse ses bénédictions sur l'entreprise les » intéressés offrent à Dieu vingt-cinq louis, » qui seront donnés aux pauvres ».

Nos trois publicains sont les sieurs Rey de Chaumont, Malisset & Goujet, prête-noms d'une multitude de seigneurs, de magistrats & d'hommes en place, bailleurs de fonds, parmi lesquels on comptoit les sieurs Laverdy, Bertin & de Sartine.

A cette compagnie a succédé celle des Leleu, pour l'entreprise des moulins de Corbeil, dans laquelle se trouvoient intéressés les sieurs le Noir, Montanni, Berthier, de Montaran, de Bussy, &c.

Deux mémoires du chevalier Rutledge en faveur des boulangers de Paris, contre les sieurs Leleu, avoient mis sous les yeux du public, des faits importans très-propres à dévoiler les liaisons étroites qui existoient entre le ministre des finances & la compagnie de Corbeil. Nous en rappellerons ici quelques-uns, qui ne doivent échapper à personne.

On sait que peu après son rappel, en 1788, M. Necker s'empressa de jetter l'alarme dans le public sur les dangers d'une disette prochaine, qu'il provoqua lui-même en annonçant la cherté du pain pendant une année entiere. Pour que l'augure sinistre ne fût pas démenti, il s'agissoit d'empêcher les boulangers & les marchands de bled de s'approvisionner eux-mêmes, puis d'accaparer tous les grains du royaume : ce qui fut fait. A la maniere dont s'y est pris le ministre adoré, on va voir s'il manque d'adresse.

D'abord il obligea les boulangers à se morfondre en allées & venues inutiles. Venoient-ils demander un ordre qui les autorisât à faire leurs provisions, il les renvoyoit à l'intendant, l'intendant les requéroit d'indiquer les marchés où ils vouloient se rendre; s'ils refusoient, ils n'avoient point d'ordre; s'ils consentoient, à leur arrivée, ils ne trouvoient plus de grains.

Quant aux marchands, l'artifice étoit encore plus recherché, mais non moins infaillible. Avant de partir pour les bléries (1), ils sont dans l'usage de convertir en rescriptions des fermes l'argent

(1) Ils nomment ainsi les marchés où ils vont faire leurs provisions.

destiné à leurs achats, ils se rendent ensuite sur les lieux avec ces rescriptions, certains qu'elles seront acquittées à vue. Que fait le contrôleur-général pour assurer à ses agens le trafic exclusif des grains, & la liberté d'y mettre de prix? Il prend le temps où les marchands ont coutume de faire leurs achats, donne ordre de suspendre pendant six semaines le payement des rescriptions, & les force ainsi de s'en retourner les mains vides.

Le chevalier Rutledge venoit de soulever le voile. Les Leleu démasqués se mirent à clabauder, & leurs clameurs provoquerent un arrêt du conseil; arrêt sans date, sans signature, sans affiche, sans publication, qui supprime néanmoins comme injurieux & diffamatoires, les mémoires des boulangers. En couvrant ainsi de sa protections ces ouvriers d'iniquité, M. Necker s'associoit à leurs forfaits; il fit plus, il chercha à les consoler du mépris public, par le témoignage de son estime particuliere; & il ne craignit pas de faire voir que ces accapareurs exerçoient leurs brigandages, & affamoient le peuple sous les auspices de l'administrateur des finances. C'est ici le lieu de dire un mot d'un petit trait de sa politique jésuitique, qui fera sentir toute la profondeur de l'astuce de cet homme de bien. Dès le 13 juillet, la municipalité parisienne s'étoit mise en possession de l'approvisionnement de la capitale. Son comité des subsistances, où tant d'intriguans mal famés (1) parvinrent à s'introduire, & dont les Leleu

(1) Dans le nombre étoient le sieur Galler, qui vient d'être condamné aux galeres pour fripponneries dans sa gestion, & le sieur de Leutre, joueur de profession, fameux par sa complaisance, & l'adresse avec laquelle il a fait fortune; en ruinant le

étoient l'ame, n'étoit pas fait pour inspirer la confiance : la maniere indigne dont il fit le service souleva le public contre lui ; bientôt il fallut le destituer, & il fut renvoyé le 20 septembre. On le soupçonnoit violemment de malversations : on lui demanda ses comptes, il refusa de les rendre, & ce qui paroîtra incroyable, c'est que dès-lors il a été impossible de l'y amener. Cependant le ministre des finances, dans une lettre (1) adres-

---

Comte de Balbi, le Marquis de la Salle & d'autres dupes de qualité.

(1) Copie d'une lettre de M. Necker, en date du 26 septembre 1789, à MM. Leleu & compagnie, entrepreneurs des subsistances. --- « J'ai vu, Messieurs, avec une véritable peine, que » vous avez été exposés à des inquiétudes & à des chagrins, » dont votre service & votre conduite auroient dû vous garentir : & s'il convenoit au comité des subsistances de Paris, » de vous conserver la direction des établissemens où vous » avez donné des preuves de votre zèle, je crois que vous » ne pouviez lui refuser vos soins, soyez persuadés qu'en toute » occasion, vous me trouverez prêt à vous donner des preu- » ves d'estime & d'intérêt. Signé, NECKER.

Se seroit-on douté que ces hommes intéressans pour lesquels le ministre déploye une si vive sensibilité, sont des intrigans qui, en quelques années, ont fait une fortune presqu'aussi scandaleuse que la sienne, en pillant l'état, & en affamant le peuple ? Des richesses immenses acquises par des voies criminelles, ne sont pas le seul titre à l'estime de l'administration des finances : l'analogie de caractere est un autre lien de rapprochement : analogie si frappante, que le mémoire justificatif des freres Leleu paroît être sorti de la boutique de l'agioteur Genêvois ; par-tout même protestation de dévouement au public qu'ils immole, par-tout même profession de désintéressement au public qu'ils dépouille, par-tout même desir d'assurer l'abondance au public qu'ils affame, par-tout même charlatanisme : citons en quelques passages. -- « Les » moulins & magasins de Corbeil n'offroient pour tout appât » au spéculateur que l'intérêt de ses fonds ; mais à côté d'un » aussi médiocre bénéfice se trouvoit la noble ambition d'être » utile à sa patrie, d'assurer l'abondance dans la capitale, de » combattre l'accaparement ; & les calculs de l'esprit s'éva- » nouirent devant ceux du cœur. Nous cedâmes donc aux élans » d'une effervescence patriotique ; & mon frere & moi sous-

fée aux fieurs Leleu, (lettres qu'ils ont produites comme pieces justificatives) cherche à donner le change au public, en faisant à croire qu'ils s'étoient retirés d'eux mêmes, & il va jusqu'à les prêcher de sacrifier leur ressentiment, si le comité des subsistances se déterminoit à les rappeller. Mais une plume patriotique vient de les livrer à l'opprobre, en dévoilant, dans un mémoire très-bien fait (1), le noir complot dont ils étoient la cheville ouvriere.

On voit dans ce mémoire le marché usuraire conclu par les Leleu avec le Roi, pour l'entreprise des moulins de Corbeil. On y voit ces faiseurs d'affaires s'engager de fournir annuellement à la halle, pendant six mois consécutifs, 25,000 sacs de bonne farine, du poids de 325 livres chacun, & d'avoir toujours en magasin 6000 sacs prêts à être livrés à la premiere demande du lieutenant de police, sans toutefois dégarnir les marchés voisins.

On y voit le Chevalier de Bussy, qui tenoit en société les magasins de Beaulieu & ceux de l'Enfant-Jésus, courant les Provinces pour faire, sous le nom de M. Necker, l'approvisionnement de Paris, enlevant tous les grains du Soissonnois, en

---

» crivîmes un traité avec le Roi ». — Ne croiroit-on pas entendre M. Necker lui-même, donnant sa profession de foi. Les généreux patriotes que ces freres Leleu ! Mais pour se targuer de désintéressement, du moins faut-il avoir les mains pures, & ne pas afficher une fortune de dix millions. Au demeurant, c'est le comble de l'impudence, lorsque les fripons prétendent lever boutique pour empêcher le public d'être trompé.

(1) Réplique de M. Desmoulins aux deux mémoires des sieurs Leleu.

Mai & Juin 1789, & les faisant passer à Rouen, où ils sont devenus invisibles. On y voit ce même accapareur, qui s'étoit rendu de nouveau dans le Soissonnois, avec une mission non signée de M. Necker, prendre la fuite crainte d'être accroché.

On y voit les Leleu exporter en tonneaux une immense quantité de bleds, user d'artifice pour détourner les meûniers Graffin & Calle de faire leurs provisions à Provins, & prendre le tems où ils les amusoient, pour faire vuider les halles de cette ville.

On y voit la compagnie Leleu, au mépris de ses engagemens, n'avoir, en Septembre 1788, pas un grain de blé dans ses magasins, en accaparer en trois mois 32000 sacs, qu'elle avoit enlevés de tous côtés au nom du Roi (1), & faire hausser considérablement le prix du pain.

On y voit les Leleu d'Amiens, les Jourdain, les de la Loge, & les autres correspondans de la compagnie de Corbeil, retenir en rade dans la Manche, trois ou quatre mois, plusieurs navires chargés de bleds (2), quoique la Province en manquât elle-même, & que le pain s'y vendît 6 à 7 f. la livre.

Enfin on y voit les Leleu accusant eux-mêmes M. Necker d'être le grand accapareur, l'unique auteur de la disette.

---

(1) C'est précisément l'époque où les marchands de grains ne purent faire leurs achats, par la suspension du paiement des rescriptions.

(2) Ce sont vraisemblablement les bleds exportés par la compagnie elle-même, qu'elle trouvoit moyen par ce petit manége, de vendre comme bled étrangers.

L'indiscrétion avoit laissé échapper ce fatal aveu, & bientôt il fut confirmé par mille preuves invincibles ; je me borne à celles que j'ai maintenant sous la main.

Depuis la révolution, les accapareurs ministériels, qui parcouroient les Provinces, avoient besoin de l'appui des Municipalités. Presque toutes composées de leurs anciens membres, elles ont concouru aux vues de l'administrateur des finances, avec le zèle aveugle des valets de la cour ; & partout cette coupable connivence a excité de vives réclamations. Qu'en est-il résulté ? --- Toujours faites à la Municipalité Parisienne ou à l'Assemblée Nationale, elles ont presque toujours été étouffées à l'instant même.

Dans le nombre des réclamations qui ont fixé l'attention publique, est celle des habitans de Vernon. Qui n'a point entendu parler de l'accapareur Plantere ? Mais les efforts redoublés des Municipaux Parisiens pour le soustraire au châtiment ; mais les mensonges qu'ils se sont permis pour dénaturer l'affaire ; mais les impostures qu'ils ont forgées pour voiler ce mystère d'iniquité ; mais les ressorts honteux qu'ils ont fait jouer pour tromper le public, ne sont connus que de quelques observateurs.

En voici un exposé succinct. Dès l'instant que l'administration de l'hôtel-de-ville apprit que le sieur Plantere étoit arrêté par les citoyens de Vernon, allarmée des suites qu'auroit l'indiscrétion du détenu, & ne songeant plus qu'à l'arracher de leurs mains, elle fit partir à la hâte un détachement de trois cens gardes-nationaux, sous les ordres du sieur d'Hières, Commandant de bataillon du District des Petits-Augustins, auxquels se joignirent les Grenadiers du Régiment de Flandres, & deux Compagnies de dragons de Montmorency. Arrivé ſur les lieux, cet indigne Commandant, d'après les ordres qu'il avoit reçus du général (1), fit mettre bas les armes à la milice nationale de Vernon, dépoſa la Municipalité élective, réinſtalla la Municipalité royale; ſévit contre les citoyens qui s'étoient montrés patriotes, en fit traîner pluſieurs en priſon, & commit cent atrocités. Crainte que la nouvelle de ces horreurs ne parvînt à Paris, on intercepta les lettres à la poſte, on prévint même leur arrivée, en faiſant publier une fauſſe miſſive, où Plantere jouoit le rôle d'un Négociant chargé de faire des approviſionnemens ſur les lieux pour la capitale, & où la punition de ce vil agent étoit repréſentée comme un aſſaſſinat commis par des brigands, dont les habitans de Vernon eux-mêmes demandoient vengences. Bientôt les barbouilleurs de papier à gages, répandirent de toutes parts des contes faits à plaiſir. Cependant le fatal ſecret fut enfin dévoilé par les députés de cette ville, & il vient d'être conſigné dans des mémoires en réclamation des outrages commis par le féroce d'Hières. Vaine réclamation, repouſſée ſans pudeur par les Municipaux Pariſiens, dont elle dévoile l'iniquité, & que *l'Ami du Peuple* ne ceſſera d'appeller en témoignage, en attendant qu'on puiſſe un jour la porter au tribunal de la nation.

---

(1) Pour juſtifier ces ordres barbares, le Marquis de la Fayette, l'ame damnée du miniſtre des finances, avoit ſuppoſé un faux décret de l'Aſſemblée Nationale. Voici les mémoires des députés de Vernon.

Passons

Passons à d'autres faits non moins constans ; quoique moins connus.

Vers la mi-Octobre, le sieur Desnissart, fermier à Meaux en Brie, ayant été sommé de fournir des grains aux marchés de Tournon & de Chaumes, petites villes voisines, il n'en conduisit qu'au premier marché, que fréquentoient les accapareurs, & où étoit cantonné un détachement de milice Parisienne. Les habitans de Chaumes & des environs se plaignant à lui de ce qu'il les laissoit manquer de grain, il leur répondit : « Vous » ch...... trop blanc, si vous mangiez de mon » bled ». Irrités de son insolence, ils se rassemblèrent en plus grand nombre le Dimanche suivant, & ils accoururent en foule pour l'arrêter. Il s'étoit refugié dans une Eglise, d'où il informa l'Hôtel-d-ville de Paris de ce qui se passoit. A l'instant partit l'ordre au détachement de Tournon de se transporter à Chaumes. Desnissart fut reconduit chez lui, & deux canons placés à sa porte furent braqués contre le peuple.

Le sieur Robert, marchand de bleds & propriétaire de trois moulins situés à Lisi-sur-Ourgue, près Meaux, accaparoit les grains de tous les marchés & de toutes les fermes du voisinage. Pour faire cet infâme trafic avec moins de danger, il avoit loué une chambre au Soleil d'or (auberge de Lisi), où les fermiers des environs lui apportoient des échantillons, & où il leur comptoit le montant des parties qu'il achettoit. Sur la fin d'Octobre, s'étant rendu un jour de marché à la Ferté-Milon, pour enlever grand nombre de voitures de bleds, sous prétexte de les expédier à Paris, les habitans ne voulurent point les laisser partir. Outrés de l'audace de cet accapareur, ils le poursuivirent jusques dans l'asyle où il s'étoit retiré, & d'où il réclama la protection de la Municipalité Parisienne, qui lui envoya sur-le-champ garde avec deux pièces de canon prises en chemin dans une petite ville voisine, où elles avoient été déposées. On voit que, pour protéger les accapareurs par-tout où elle pouvoit étendre son influence, la prévoyante Municipalité avoit envoyé des détachemens & du canon, dans tous les marchés considérables fréquentés par ces agens ministériels de famine & de désolation.

Enfin, rappellons ici un trait dont le simple souvenir fait frissonner d'horreur; c'est que le sieur Berthier après son arrestation, a déclaré à M. Rivière, Avocat en Parlement, qu'il avoit dans son porte-feuille une lettre de M. Necker, où ce vertueux ministre lui ordonnoit de faire couper les bleds dans l'étendue de la Généralité de Paris; déclaration articulée en pleine audience & sous la foi du serment, dans l'interrogatoire que cet estimable citoyen subit au Châtelet, relativement au Baron de Bézenval.

Tant de faits constatés développent les causes secrètes de la famine qui nous assaille depuis si long-tems. D'autres faits constatés vont dévoiler les horribles manœuvres employées à altérer la qualité du pain, qui continue à répandre par tout le royaume des germes de mortalité.

M. Necker ayant fait une double spéculation sur l'aliment le plus nécessaire à la vie, & dont aucun François ne peut se passer, mit tout en œuvre, pour masquer ses opérations.

D'abord il essaya de rejetter sur les Boulangers le mécontentement public. A l'entrée de l'hyver 1788, les ayant rassemblés pour leur demander une déclaration religieuse de leurs provisions, « *il » dit aux uns qu'ils étoient assez approvisionnés, » aux autres, qu'ils l'étoient trop; à tous, que le » pain étoit trop beau; & il leur demanda s'ils ne » pourroient pas mélanger leurs farines* ». Bientôt il leur en épargna la peine. Il est certain que les sieurs Leleu faisoient moudre aux moulins de St. Jean, des faverolles & de la vesce, dont ils mêloient les farines à celle du bled.

Mais ce sont sur-tout les perquisitions des Commissaires du district de Saint-Martin-des-Champs, qui ont dévoilé ces œuvres de ténèbres. Il est constant par leur procès-verbal du 16 Octobre, dressé à l'Ecole-Royale-Militaire, qu'ils y ont trouvé des tas de bled, d'orge & de seigle (1), dont plusieurs étoient de mauvaise qualité; des sacs & des tonneaux de farine pelotées, d'une saveur désagréable, & dans un tel état de fermentation, qu'elle exhaloit une odeur infecte.

Il y ont surpris des manœuvres occupés à faire le mélange de ces farines gâtées; & après avoir reçu la déclaration du Commis chargé par le Comité municipal des Subsistances de diriger cette manipulation (2), ils ont été requis de lever les scellés

(1) D'après le relevé, il y avoit 910 septiers d'orge, 1011 de froment, & 7550 de seigle : ainsi le seigle étoit au froment ce que 7 est à 1.

(2) Page 8 du procès-verbal.

qu'ils avoient mis sur ces tonneaux. L'examen du registre du principal Inspecteur des farines, a prouvé que du premier au 16 Octobre, il en a été envoyé chaque jour à la halle (1) 60 sacs, plus ou moins, chacun de 217 liv.

Dans ce registre, ouvert au hasard, ils ont vu (sous la date du 28 Août), l'entrée de 7948 liv. de marons; & (sous la date du 27) la sortie de 7854 liv. de farine de marons; sans doute de marons d'Inde, à en juger par les mauvais grains & les farines gâtées qui ont servi à l'approvisionnement de la capitale.

Ainsi, tandis que l'Administrateur des finances laisse passer la fleur de nos grains chez l'Empereur, il nous fait manger du pain d'orge & de seigle, du pain de féveroles & de vesce, du pain de végétaux que les pourceaux rebutent, du pain de farines gâtées, du pain détestable, uniquement propre à délabrer la santé, & à produire diverses maladies épidémiques.

Ces honteuses opérations se faisoient clandestinement. Les réticences, les tergiversations, les déclarations contradictoires des employés, les mensonges des chefs boulangers (2), des principaux commis (3) & des inspecteurs (4), qui tous s'efforçoient de dérober aux commissaires patriotes le fatal secret, les précautions du Comité Municipal des subsistances, pour faire conduire les convois à

---

(1) IBIDEM. Pag. 18. Notez que les mêmes opérations se font à l'abbaye Saint Martin, & dans d'autres tripots, tant de Paris que des provinces.

(2) Les sieurs Vallery & Valette: pag. 5.

(3) IBIDEM. Pag.

(4) Le sieur Perronet.

l'Ecole-Royale-Militaire, par des guides qui en ignoroient eux-mêmes la destination, & auxquels on recommandoit en partant d'arrêter aux barrières à leur retour, & de venir prendre l'ordre à la ville ; en un mot, toutes ces manœuvres ténébreuses attestent à la fois & les craintes de ces ouvriers d'iniquité, & la perfidie de l'administrateur des finances, & l'infamie de la Municipalité, qui a prêté son ministère pour perpétuer ces affreuses malversations, & qui s'est elle-même avilie jusqu'au mensonge pour les voiler aux yeux des citoyens (1).

Dans ces découvertes des Commissaires de Saint-Martin-des-Champs, tout est fait pour allarmer, tout est fait pour jetter l'effroi dans les ames. Encore n'est-ce là qu'un apperçu pris sur les lieux : que seroit-ce, s'ils avoient approfondi l'affreux mystère, s'ils avoient eu communication des registres d'entrée & de sortie, dont le Directeur en chef leur avoit d'abord offert l'examen, & qu'il leur a refusé ensuite, sous prétexte de travailler à un relevé pour le Comité des subsistances !

Mais rien n'est plus propre à faire sentir toute l'horreur (2) de ces manœuvres que les dépenses

(1) Voici sa déclaration de 5 ou 6 octobre, sur l'emploi des moulins de l'École Royale Militaire, & l'ordonnance dérisoire du mois d'août, signifiée aux meûniers DE MOUDRE MÊME LES FÊTES : tandis qu'ils se lamentoient de n'avoir rien à faire.

(2) Si de pareilles malversations avoient été commises à Londres, les employés à l'école militaire, le premier ministre des finances, les Leleu, le comité municipal des subsistances, & peut-être toute la municipalité, auroient été aux fers le même jour, & on leur auroit fait leur procès comme à des empoisonneurs publics.

énormes où l'on a constitué l'état pour en dérober la connoissance au public.

Les transports de Rouen à cet entrepôt se sont faits par terre, & ont coûté 80 livres le millier, au-lieu de 12 liv. qu'ils auroient coûté par eau : ce qui fait une perte de 68 liv. par millier; & sur 70 milliers qui formoient l'envoi dont cet apperçu est tiré, une perte de 4760 liv.

On a établi à l'Ecole Royale Militaire 98 moulins à bras, qui occupent 1592 hommes, chacun à raison de 30 s. : ce qui fait une dépense journaliere de 2388 liv.

De compte réglé, la mouture d'un setier revient à 25 l.; elle n'auroit coûté que 30 sous aux moulins ordinaires, & elle auroit été infiniment supérieure : ainsi les 16 dix-septiemes des frais sont en pure perte.

Ces moulins en action toute la journée ne rendent pas 200 septiers de farine, dont les frais ordinaires n'iroient qu'à 300 liv., & dont les frais extraordinaires sont portés à 2388 liv., ce qui fait une perte journaliere de 2088 liv., & une perte annuelle de 772,320 liv.

A cette somme qu'on ajoute au moins 300,000 l. pour l'excédent des frais de transports, & 300,000 pour les appointemens des chefs, sous-chefs, maîtres, contre-maîtres, meûniers, gardes-moulins, engraineurs, porte-faix, frais de bureau & de caisse, entretien des moulins, sans parler de leur construction, on aura 1,370,328 liv. en frais perdus.

Cette somme, uniquement relative aux manipulations de l'Ecole-Militaire, seroit au moins décuplée, si on y ajoutoit celles qu'exigent les manipulations de l'entrepôt de l'Abbaye Saint-Martin, & de vingt autres pareils tripots répandus dans les provinces. Voilà donc une dilapidation de 13,723,200 liv., dans un temps de calamité, où l'administrateur des finances n'a pas honte d'arracher aux malheureux leur derniere ressource, par une contribution vexatoire.

Deux jours avant que ces mystères odieux eussent été découverts, l'assemblée nationale avoit dissous son comité des subsistances, & fait remettre au premier ministre l'approvisionnement du royaume, dont il a refusé de se porter garant (1) : tandis que la municipalité a paru prendre quelques mesures pour assurer enfin celui de la capitale. Mais l'Administrateur général, loin de renoncer à l'infâme trafic de ces tripots, y a fait construire de nouveaux moulins (2).

Je l'ai accusé de nous avoir réduits à la cruelle alternative de périr de faim, ou de vivre d'un aliment dangereux, portant le germe de plusieurs maladies redoutables; & j'ai inculpé la Municipalité Parisienne d'avoir connivé avec lui. Dès-lors les preuves juridiques ont été acquises, elles sont complettes (3) aujourd'hui : mes inculpations à

(1) Il n'auroit pu s'en porter garant qu'il n'eût mis ses malversations d'accapareur à découvert.

(2) Voyez la page 18 du procès-verbal de Saint-Martin-des-Champs; j'apprends que depuis peu ils ont été transportés dans les environs de Paris.

(3) Une multitude de faits connus auroit conduit à la source de la disette qui a désolé la capitale, les mandataires provisoires de la commune, s'ils avoient été fideles à leurs commettans, & s'ils n'avoient pas été vendus au cabinet. En voici quelques-uns.

cet égard étoient donc bien fondées ; mon crime est donc d'avoir été trop clairvoyant.

Les sieurs Leleu, dans leur réponse à la municipalité sur la lettre de M. Necker, relative à l'approvisionnement de Paris, affirmant avoir abandonné les moulins de Corbeil, le 22 juillet 1788 ; leur traite avec le gouvernement pour 1789, étant plus que rempli : de sorte qu'ils ont laissé la capitale totalement dépourvue trois mois entiers. Or, il étoit du devoir de la municipalité d'enjoindre aux sieurs Leleu de produire les ordres en vertu desquels ils avoient anticipés les fournitures aux termes de leur traité, sous peine d'être poursuivis comme accapareurs de grains, & auteurs de la disette, qui a été la suite de cette anticipation : ce qu'ils n'ont point fait.

D'où vient ce silence criminel des administrateurs municipaux? Faut-il le demander. De leur connivance avec le cabinet.

Un autre point bien essentiel à éclaircir, c'est la mission dangereuse des farines fournies par les sieurs Leleu : la municipalité devoit donc leur enjoindre pareillement de produire les ordres, en vertu desquels ils les avoient alterées, & faute par eux d'en justifier, elle devoit les poursuivre comme accapareurs & empoisonneurs publics : ce qu'elle n'a point fait. -- D'où vient ce silence criminel des administrateurs municipaux? De leur connivence avec le cabinet.

Parmi les papiers trouvés sur le sieur Berthier, après son arrestation, étoit une lettre du comte de Ravillac, en date du 5 juillet dernier, dans laquelle il demandoit à cet intendant de toucher des fonds sur le produit de la vente des grains faite par le gouvernement ; péculat dont il étoit du devoir de la municipalité de demander publiquement raison à M. Necker : ce qu'elle n'a point fait. -- D'où vient ce silence criminel des administrateurs municipaux! De leur connivence avec le cabinet.

Dans l'interrogatoire que M. Riviere, avocat au parlement, a subi au Châtelet dans l'affaire du baron de Bezenval, il a déposé sur la foi du serment, que le sieur Berthier lui avoit déclaré que son porte-feuille (qu'il croyoit égaré) contenoit une lettre de M. Necker, par laquelle ce ministre lui ordonnoit de faire couper les bleds verds dans la généralité de Paris. Cette déposition dont il est impossible de révoquer en doute la vérité, vu les dangers auxquels s'exposoit son auteur, une fois devenue publique, il étoit du devoir de la municipalité d'en prendre acte pour dénoncer le ministre des finances, & l'amener en jugement ; ce quelle n'a point fait. D'où vient le silence des administrateurs municipaux? de leur connivence avec le cabinet.

Que dis-je. N'ont-il pas eu la clef du porte-feuille qui renfermoit cette lettre importante : mais loin d'avoir fait aucune démarche pour se procurer cette piéce de conviction, ils ont

Je

Je viens de donner la clef des manœuvres secrettes de l'administration des finances, & des attentats de la municipalité.

---

laissé le porte-feuille entre les mains du neveu de l'intendant de Paris ; ils en ont renvoyé la clef au président de l'assemblée nationale, dont les sentimens leur étoient connus, & ils ont tout fait pour étouffer cet horrible attentat, pour empêcher l'affreuse vérité de percer.

Et dans l'affaire de Vernon, n'ont-ils pas également mis en œuvre le vert & le sec pour donner le change au public & le tromper sur tous les points ?

Enfin, qu'on me cite un seul cas où ces administrateurs n'ayent pas employé tour à tour contre le peuple l'hypocrisie, la fourbe, la violence & la trahison. Je les ai accusé de conniver avec le gouvernement, & j'en ai donné cent preuves irrésistibles pour tout autre lecteur que des Parisiens. Lorsque j'ai dit que le maire & ses confreres ne sont, dans les mains du principal ministre, que des instrumens dangereux ; qu'ai-je donc dit qui ne soit conforme à la plus exacte vérité ?

Cette connivence criminelle qui remettra la nation dans les fers, qui la retiendra sous le joug, & qui la replongera dans l'abyme, je la dénonce aujourd'hui à l'assemblée nationale, s'il reste encore à la majorité de ses membres quelque intérêt pour le salut public, quelque sentiment honnête, quelque pudeur. Suspendre plus long-temps la recherche des coupables auteurs de nos maux, seroit trahir la patrie, & consommer sa perte.

Il est constant que le ministre des finances & les administrateurs municipaux ont prévariqué dans leur gestion, & abusé de leur pouvoir pour ruiner la liberté publique. L'information doit être également dirigée contr'eux, le devoir & l'honneur leur imposent également la loi de se justifier complettement. S'ils ne sont pas coupables, ils ont mille moyens de faire triompher leur innocence, de confondre leurs détracteurs ; & ils doivent être les premiers à demander qu'on leur fasse leur procès, qu'on l'instruise en public. Mais hélas ! qu'attendre de l'assemblée nationale, lorsque nous la voyons conniver elle-même avec le cabinet, lorsque nous voyons échapper tous les criminels d'état, lorsque nous n'avons pu obtenir encore que le ministre favori comparût comme accusé devant le châtelet, lorsque les juges & les municipaux réussissent toujours à éluder cette demande ; lorsqu'ils s'enfoncent eux-mêmes dans les ténèbres ; & que pour perdre la patrie, ils employent tour à tour impunément l'astuce, l'imposture & les outrages. Qu'attendre d'hommes esclaves de leurs vices, d'hommes dont la conscience est à prix ?

A ſon rappel au miniſtère, M. Necker ayant trouvé le tréſor public épuiſé, & les finances extrêmement délabrées, ſentit bien qu'il ne pouvoit tenir en place ſans argent, & comme il vouloit s'y maintenir, à quelque prix que ce fût, il forma l'horrible projet de faire, d'un trafic honteux ſur les grains, une ſource abondante de richesses.

On voit maintenant pourquoi ſa premiere opération fut de répandre l'alarme en annonçant les dangers d'une diſette chimérique, pour en amener une réelle.

On voit pourquoi voulant vendre le pain à très-haut prix, il débuta par afficher la crainte que le Roi n'eût pas le pouvoir d'empêcher qu'il ne fût cher toute l'année; pourquoi, ayant un ſi grand intérêt d'aveugler le peuple ſur les moyens employés à l'affamer, il l'entretenoit éternellement de ſes inquiétudes au ſujet des ſubſiſtances.

On voit pourquoi il fit d'abord venir, à grands bruit, quelques grains avariés de l'étranger; pourquoi il fit enſuite annoncer, avec tant d'apparat, qu'il travailloit à en tirer encore à tout prix; & que le Roi ne cessoit de faire les plus grands ſacrifices, afin de pourvoir aux beſoins de ſes ſujets.

On voit pourquoi les provinces étoient inondées de ſes agens qui couroient les fermes, mettoient par-tout l'enchere, & enlevoient tous les grains, ſous prétexte d'approviſionner Paris; pourquoi voulant ménager à ſes agens les facilités de tout accaparer, il invitoit les boulangers & les marchands à s'approviſionner eux-mêmes dans le temps qu'il leur en ôtoit les moyens, dans le temps qu'il ſe jouoit d'eux, & qu'il les forçoit de revenir des marchés les mains vuides.

On voit pourquoi, ayant besoin d'entrepreneurs stiles pour effectuer un accaparement général, il prenoit un si tendre intérêt aux sieurs Leleu; pourquoi il forgea un arrêt du conseil pour déclarer calomnieux les mémoires du Chevalier Rutledge, qui avoit dévoilé leur turpitude; & pourquoi, présumant trop de la crédulité publique, il se flatte de les réhabiliter en les couvrant de son estime.

On voit pourquoi ayant besoin d'une exportation réelle, pour effectuer une importation simulée, & ne pouvant se passer d'entremetteurs qui eussent des correspondans, & dans les provinces & dans les ports de mer, il attachoit tant d'importance aux services des sieurs Leleu; pourquoi, lorsqu'ils furent balayés avec l'ancien comité des subsistances, il essaya d'effacer cette avanie, en donnant le change au public: pourquoi, lorsqu'on les poursuivoit pour les amener en compte, il les consola si affectueusement de cette humiliation.

On voit pourquoi n'étant pas sûr des municipalités des provinces, où quelques-uns de ses agens avoient failli d'être accrochés, il refusoit de faire exécuter rigoureusement les décrets sur la libre circulation des grains, & pourquoi il en arrêta l'envoi si long-temps.

On voit pourquoi, ayant fait une seconde spéculation de la vente du pain d'orge & de seigle pour pain de froment, & même d'en altérer la qualité avec des farines de féveroles, de vesce, de marons d'Inde, avec des farines gâtées, il constitua l'état dans des dépenses énormes pour la construction, l'entretien & le travail imparfait d'une infinité de moulins à bras; tandis que Pari étoit environné d'une infinité de moulins à eau & à vent, qui restoient dans l'inaction.

La capitale étant le grand marché de consommation, cette entreprise honteuse d'accaparement général, ce projet infernal d'affamer & d'empoisonner le peuple pour remplir les coffres ministériels, ne pouvant s'exécuter depuis la révolution, sans le concours de la municipalité, il en capta les chefs (1) qui firent entendre raison aux intéressés, & amenerent la troupe moutonniere à souscrire aveuglément à toutes les délibérations.

On voit maintenant pourquoi la municipalité étoit si jalouse du privilége de nommer ses administrateurs, & pourquoi le bureau des représentans s'est permis tant de supercheries pour tromper le vœu des districts.

On voit pourquoi le maire s'est efforcé si long-tems de conserver les membres de l'ancien comité des subsistances, afin de ne pas rompre la chaîne des opérations, comme il le disoit si ingénument.

On voit pourquoi les Leleu étant l'ame de ce comité, les districts n'ont jamais pu lui faire rendre compte, & pourquoi le nouveau comité n'a jamais fait à ce sujet que des efforts simulés. On voit pourquoi, & l'ancien & le nouveau comités ont toujours concouru aux manœuvres clandestines

---

(1) C'est cette vérité bien sentie qui m'a porté à inculper la municipalité, dans un temps où le public étoit à genoux devant elle, dans un temps où je n'avois d'autres preuves de ses malversations que l'indifférence avec laquelle elle se portoit au bien, que le refus de remplir ses devoirs.

de l'Ecole Royale militaire & de l'abbaye S. Martin, pourquoi tous les grains qui arrivoient à la halle, étoient portés à ces tripots, malgré les réclamations des boulangers; pourquoi la municipalité a cherché tant de fois à rejetter sur eux tout le blâme de la disette; pourquoi elle leur a fait tant de fois des offres dont elle connoissoit toute l'inutilité; pourquoi elle étoit si soigneuse de faire marcher des détachemens de la milice parisienne, contre les milices provinciales, pour soutenir les accapareurs; pourquoi elle tenoit du canon & des troupes dans les marchés qu'ils fréquentoient, pourquoi elle étoit si empressée de soustraire au châtiment les accapareurs dont on s'étoit servis; pourquoi elle a fait marcher des troupes à 20 lieues pour accrocher des mains des habitans de Vernon, le sieur Plantere, dont elle redoutoit les aveux indiscrets: tandis qu'elle n'a rien fait pour sauver les malheureux boulangers égorgés à sa vue; pourquoi elle a soudoyé tant de folliculaires (1), pour donner le change au pu-

(1) C'est avec regret que je trouve dans la liste de ces écrivains complaisans ou vendus, le nom de M. Brissot de Varville. En vain chercheroit-on dans sa feuille une seule réclamation contre les attentats de la municipalité; un seul mot patriotique en faveur du marquis de Saint-Huruge, dont l'absolution a bien montré l'injustice de la détention; un seul mot en faveur de MM. Rutledge, Martin & Duval, indignement sacrifiés à la vengence du corps municipal. Mais en revanche, on y verra qu'il n'a pas laissé échaper une seule occasion de donner le change au public, en propageant des bruits faux & ridicules, contre les boulangers & des accapareurs privés imaginaires; pour cacher les accapareurs ministériels; voilà les manœuvres du comité des subsistances, les délits du comité de police, & les lenteurs du comité des recherches, dont il est membre.

Ses premiers écrits ne l'avoient pas fait placer dans la classe des écrivains distingués; mais ils l'avoient fait regarder comme un patriote, titre glorieux qu'il a sacrifié à des vues particulieres, & peut-être à de vaines promesses.

blic sur les causes du manque de pain ; & pourquoi la disette n'a cessé qu'après que les honteuses manœuvres de l'administrateur (1) des finances ont été dévoilées, & qu'il a craint les traits de quelques plumes qui ne sont pas à vendre.

On voit pourquoi le Ministre & la Municipalité, tremblans de voir leurs malversations exposées au grand jour, ont été si empressés de se mettre à couvert derrière le rempart d'une loi martiale ; pourquoi ils ont ensuite été si ardens à persécuter les auteurs qui les avoient démasqués ; pourquoi *l'Ami du Peuple* a été décrété ; pourquoi le Chevalier Rutledge a été emprisonné ; pourquoi MM. Martin & Duval ont été jettés dans des cachots. On voit pourquoi ils ont si violemment attenté à la liberté de la presse ; pourquoi ils ont arrêté tant de colporteurs, enlevé tant d'écrits patriotiques, gratifié tant d'espions, & pourquoi, voulant enchaîner pour toujours la plume des amis de la patrie, ils viennent de corrompre la foi des Imprimeurs, & de les transformer en vils délateurs par l'appât du gain (2).

Les attentats ministériels de M. Necker n'ont

---

(1) Ces manœuvres honteuses durent encore, seulement on a soin de mêler une moindre quantité de mauvaises farines à de bonnes, afin de rendre la qualité du pain moins détestable.

(2) Le comité de police vient de faire proposer à tous les imprimeurs qui trahiront la confiance des auteurs, & livreront leurs manuscrits, un salaire double de ce qu'ils auroient comptés pour leurs frais d'impression : rafinement de politique digne du spéculateur Génévois, & dont les grands inquisiteurs de Sartine & le Noir ne s'étoient pas encore avisés.

point de terme ; ils se succèdent continuellement, comme les flots pressés d'une mer orageuse.

Pour réduire le peuple au désespoir, & le forcer, par la crainte de la misère, à se rejetter dans les bras du despotisme, c'est trop peu de l'accaparement des grains, il a aussi recours à l'accaparement du numéraire, devenu déja si rare par la perte du crédit public (1).

Depuis long-tems le Ministre travailloit à effectuer cet horrible projet, par l'établissement d'une banque nationale, qui devoit mettre en circulation des billets de différentes valeurs, jusqu'à ce qu'elle eût absorbé tout l'or du royaume. Il en présenta le plan à l'Assemblée Nationale ; & dans la crainte que de trop justes sujets de défiance ne le fissent rejetter, il engagea les membres du Comité des finances à le reproduire avec de légères modifications, presqu'au moment même où il avoit engagé l'un des chefs de la maltôte (2) à en proposer un autre peu différent, dont il approuva les bases, en feignant d'en critiquer les détails. Aucun de ces plans ne fut adopté : mais loin de perdre courage, il redoubla d'efforts, marcha plus ouvertement à son but, se tourna du côté de la caisse d'escompte, fit entrer les administrateurs dans ses vues, & eut recours à une suite d'opérations désastreuses qui enlèvent chaque jour l'argent

---

(1) Je ne sais si la plupart des causes auxquelles on attribue la rareté du numéraire ont beaucoup de solidité : quoiqu'il en soit, il est certain qu'il a disparu tout-à-coup du milieu de nous, peu après le rappel de M. Necker au ministere : ce qui doit provenir de ce que les capitalistes l'ont enfoui.

(2) Le plan de M. de la Borde établissoit des billets au-dessous d'un louis. S'il eût passé, on se mettroit aujourd'hui à genoux devant un écu.

échappé à l'avarice des capitalistes, & qui finiront par ne pas nous laisser un écu.

Tant que le crédit de la caisse se soutient, rien de si facile à un Ministre des finances, que d'inonder le public de billets, d'absorber tout le numéraire, & de ruiner la nation. Mais quoique le crédit de la caisse soit tombé, le Ministre peut encore aller à son but, en donnant un cours forcé aux billets. Ce parti violent étoit laissé à M. Necker, & il l'a pris sans balancer.

Les sommes immenses que le Gouvernement a puisées à différentes fois dans la caisse d'escompte, ont toujours été remplacées par du papier : Dieu sait avec quelle profusion ! La perte du crédit public ayant mis les administrateurs dans la gêne, ils ont profité d'un édit du Conseil attribuant force de monnoie aux billets, & autorisant à ne donner en espèces qu'un à compte sur ceux d'une certaine valeur, édit funeste, qui leur a ménagé les moyens de retenir la plus grande partie du numéraire, représenté par le papier en circulation. Le cours naturel des choses a fait le reste. L'embarras des administrateurs ayant excité des craintes, chacun s'est empressé de réaliser des effets discrédités, & l'on s'est porté en foule à la caisse. Pour éviter le tumulte, ou plutôt pour empêcher qu'on ne connût la quantité énorme des billets qui circuloient, & prévenir la banqueroute qui en étoit la suite infaillible de leur présentation, il falloit en retarder le paiement. Diverses rubriques furent mises en usage. D'abord on obligea les porteurs de se faire inscrire, puis de se pourvoir de cartes d'admission. Mais tandis que le public se morfondoit aux portes, l'accès étoit ouvert aux adminis-

trateurs,

prateurs, aux actionnaires, aux agens ministériels, pour être admis, leurs domestiques même n'avoient qu'à se présenter ; de la sorte, l'administration avoit souvent l'air de payer, sans que l'argent sortît de ses mains. Au milieu des peines incroyables qu'on avoit à toucher de légers à comptes, arrivèrent les spéculateurs sordides de l'agiotage : des intriguans empressés de profiter du malheur des tems, offrirent d'escompter les billets à 3, 4, 5, 6, pour cent de perte, & les citoyens se virent impitoyablement rançonnés.

Ils ne l'étoient encore que par des hommes privés ; ils le furent bientôt par des hommes publics ; sous prétexte de venir à leur secours, on les invita de s'adresser à des commissaires chargés de leur faire passer le montant de leurs billets : les demandes en étoient faites par lettres ; elles restèrent la plupart sans réponse ; & pour être expédié promptement, il fallut capituler, comme on l'avoit fait pour l'escompte.

Cependant l'agiotage alloit son train, il augmentoit même chaque jour, & la chronique scandaleuse assure qu'il se faisoit presque tout pour le compte du Gouvernement ; chose possible, mais improbable ; s'amuse-t-on à glaner quand on peut moissonner ?

Un nouveau mode d'accaparer le numéraire, pratiqué soudain par-tout le Royaume, ne permet pas de douter que M. Necker, pressé de consommer ses projets, n'ait mis sur la place une énorme quantité de papier. En vertu de ses ordres, on donnoit des billets de caisse pour comptant au trésor, aux barrières, à la ville ; mais on refuse de les y recevoir ; & comme si les rentrée étoient trop lentes au gré de ses desirs, ses agens vont attendre les marchands, les voituriers, les rouliers, à quelque distance des villes de commerce, pour leur proposer, avec remise, des billets contre de l'argent. Ces faits sont de notoriété publique. De quelque vernis qu'on les couvre, il est certain que l'accaparement du numéraire ne peut se faire par les agens de la caisse & des fermes, sans l'appui du ministère; comme l'accaparement des grains ne peut se faire par les monopoleurs, sans l'appui des municipalités: il se fait donc pour le compte du gouvernement.

C'est par le moyen des agioteurs que le ministre a mis son projet à exécution. Quand on se rappelle les principes austères qu'il n'a cessé d'afficher, quand on se rappelle le zèle avec lequel il a frondé la gestion de ses prédécesseurs; quand on se rappelle ses sorties contre les funestes spéculations de l'agiotage; on est un peu surpris & de l'intimité de ses liaisons & de la multiplicité de ses opérations avec les administrateurs de la caisse d'escompte: mais en réfléchissant que l'hypocrisie est un de ses traits caractéristiques, & la soif de commander sa passion dominante, on conçoit qu'un ambitieux déterminé à Paris, plutôt que d'abandonner le timon des affaires, n'est guères retenu par la crainte puérile de passer pour inconséquent. Quoi qu'il en soit, après avoir accaparé tout le numéraire & converti nos fortunes en papier sans valeur, M. Necker nous réduira donc à la cruelle nécessité de mourir de faim à côté de nos capitaux dénaturés, car si les receveurs des deniers publics refusent les billets de caisse, comment le boulanger & le boucher s'en chargerontils ? Ainsi les François pris par leur bourse & leur estomac, seront tenus par les deux plus forts liens qui puissent enchaîner les hommes.

Jusqu'ici les Vampires fiscaux avoient cherché à couvrir leurs concussions d'un simulacre de justice : mais il étoit réservé à l'agioteur insigne, à l'accapareur général, de fouler aux pieds, scrupules, pudeur, remords, pour dépouiller les citoyens & arracher aux infortunés leur derniere ressource, afin d'alimenter le faste de la cour, fournir aux prodigalités des proscrits, payer les plaisirs des hommes en place qui l'appuyent, & gorger les sangsues de l'état qui secondent ses projets.

N'en doutons pas; remettre la Nation aux fers, & régner sur elle sous le nom du monarque, fut toujours le but du ministre adoré : mais le moyen d'y parvenir sans argent ! Aussi la seule chose qui l'ait crucifié au milieu des calamités publiques, étoit l'épuisement du trésor. L'inconduite du cabinet, le discrédit des effets royaux, la peur d'une banqueroute, & la diminution des revenus ne lui laissoient entrevoir aucun moyen de faire face aux événemens, & il ne cessoit de solliciter l'Assemblée Nationale de rendre au Prince le pouvoir de forcer la perception des impôts, & de lui présenter des plans pour égaler la recette à la dépense Désespéré de voir repousser ses spéculations désastreuses, malgré le vernis séducteur dont elles étoient couvertes, malgré les tentatives du comité des finances pour les faire adopter, malgré les efforts du fidele Dupont, malgré les éloges éternels des folliculaires à gages; allarmé de la résolution prise (1) d'éclairer toutes les parties de son administration, tremblant de voir enfin ses malversations exposées au grand jour, il a joué de son reste; & couronnant sa carrière par le dernier des forfaits, il a tout mis en œuvre pour fatiguer les citoyens de leur liberté naissante, pour les travailler par les terreurs de la famine, pour les soulever par des vexations inouies, pour les réduire au désespoir, pour intimider l'Assemblée Nationale par la crainte des discensions civiles, pour faire abandonner aux peres de la patrie le dessein généreux de porter le flambeau dans les détours ténébreux de l'antre ministériel, pour leur arracher des décrets qui consolident ses nouvelles spéculations, & l'affermissent dans sa place. Mais pour empêcher les ressorts usés de la machine politique de rompre, aller en avant & rester maître de l'Etat, il falloit remplir les coffres. D'abord il entreprit le monopole des grains; puis il imagina la contribution patriotique, nouveau genre d'impôt (2), dont presque tout le poids porte sur le peuple qu'il vouloit écraser; en-

---

(1) Voyez la motion de M. Freteau, du octobre.

(2) Pour pouvoir l'appliquer à ses desseins, il lui importoit que le produit n'en fût pas connu, & il a pris des mesures pour le cacher. Les dons patriotiques présentés à l'Assemblée Nationale se trouvent-ils bien couchés sur ses registres : mais ceux qui ont été portés directement à la monnoie, en connoit-on le montant? S'il est vrai, comme on l'assure, que les préposés refusoient d'en donner des reçus.

Au demeurant que sont devenus les dons faits à l'Etat? Peres de la Patrie, vous en avez laissé le maniement au ministre des finances qui en a disposé à son gré, vous lui avez remis les clefs du trésor public, & vous vous êtes bornés au triste rôle de receveurs.

fin il eut recours à l'accaparement du numéraire, qui lui offroit le double avantage, & d'avoir à ses ordres une armée de satellites dévoués (1), lorsque le moment seroit venu, & d'ôter aux citoyens les moyens de résister.

Ces perfides projets sautoient aux yeux de tout observateur clairvoyant; il étoit du devoir de tout vrai patriote de les dénoncer, & mille faits connus (je le répète) auroient conduit à la preuve les mandataires provisoires de la commune, s'ils avoient été fidèles à leurs commettans, s'ils ne s'étoient pas vendus au cabinet.

Oublions le Corps Municipal, il ne joue ici qu'un rôle subalterne : il pouvoit aspirer à l'honneur de servir la patrie, sans doute, mais aucun de ses membres n'est fait pour prétendre à la célébrité, pas même son chef, qui a sacrifié sa petite réputation d'auteur à la fortune d'un bas valet. Mais vous, Monsieur, vous, fameux parvenu, vous, premier Ministre des Finances, vous, que la nation plaçoit à la tête de ses défenseurs, & qui l'avez trompée si indignement, après en avoir imposé à toute l'Europe; vous, qui avez lâchement sacrifié un peuple entier qui vous adoroit, à des hommes superbes qui vous méprisent; vous, qui pouviez jouir de la gloire immortelle de sauver la France, & qui avez préféré d'en être le fléau;

(1) Il est constant que le corps entier des officiers de l'armée, à quelques individus près, est au désespoir de la révolution. J'ai là-dessus, des preuves non équivoques. Heureusement les soldats sont presque tous dans des dispositions contraires.

quels fruits attendez-vous de vos manœuvres criminelles ? --- Rester l'ame du cabinet, vous faire nommer Régent du royaume, & régner sous le nom du Monarque ? Ne vous en flattez pas; à peine aurez-vous relevé les ennemis de la Patrie, qu'ils vous renverront sans pitié. --- Laissez la réputation d'un grand homme; ne vous en flattez pas; les tems sont passés où l'on admiroit un adroit frippon, aujourd'hui il faut des vertus, & l'horrible entreprise d'affamer & d'empoisonner un peuple qui imploroit vos soins paternels, vous rendra pour toujours l'exécration des François, l'opprobre du genre humain.

Quant aux hommes qui pensent, il y a longtems qu'ils vous ont apprécié; ils vous regardent comme un heureux intrigant, un adroit faiseur d'affaires : mais vous venez de déchirer le voile qu'ils ont soulevé; vous vous êtes mis à votre place, & vous n'êtes plus à leurs yeux qu'un fourbe du premier ordre, le Tartuffe par excellence, le Roi des Charlatans.

Aveuglé par votre folle passion, vous avez renoncé aux jouissances de l'administrateur intégre, pour le clinquant de l'homme en place; aux hommages d'une nation puissante, pour les cajoleries des ennemis de l'Etat; aux bénédictions du public, pour les sourires de la Cour : votre régne est fini, votre chûte est prochaine, vos grandeurs s'évanouiront comme un songe : aucune douce réflexion ne vous consolera dans votre disgrace; il ne vous restera de votre élévation aucun souvenir, que celui des maux que vous avez faits; & vous n'emporterez dans votre retraite que les malédictions des infortunés, le mépris des sages, la haine des gens de bien.

Mais en attendant que vous y alliez ensevelir votre honte & votre désespoir, les amis de la patrie doivent sans cesse avoir les yeux ouverts sur vous. Redoutable ennemi de notre liberté, quel autre posséda comme vous l'art d'en imposer sous le masque de la bonne foi, quel autre que vous auroit assez d'assurance pour tromper perpétuellement le peuple, quel autre que vous auroit assez d'astuce pour l'enchaîner, quel autre que vous auroit assez detenue pour ne point lâcher prise? Vous l'avez immolé à votre ambition. Que nos ennemis consentent à laisser dans vos mains les rênes de l'état, & vous êtes prêt à renouer les fils de leur trame odieuse, & vous êtes prêt à rétablir les ordres privilégiés, & vous êtes pret à sacrifier les deniers de l'état à la foule innombrable des déprédateurs, des comcussionnaires, des satellites, des espions, & vous êtes prêt à payer des dons faits à la patrie, les hommes atroces qui cherchent à l'anéantir, à remettre au monarque le sceptre de despotes, à nous replonger dans l'abîme.

Si cet écrit ne suffisoit pas pour dessiller les yeux de nos aveugles concitoyens, ma plume est libre encore, & tant que vous serez au timon des affaires, elle vous poursuivra sans relâche: sans cesse elle dévoilera vos malversations, sans cesse elle éventera vos projets funestes, sans cesse elle publiera vos attentats; pour vous ôter le temps de machiner contre la patrie, elle vous arrachera au repos, elle rassemblera autour de votre chevet les noirs ſoucis, les chagrains, les craintes, les tranſes, les allarmes, juſqu'à ce que laissant tomber de vos mains les chaînes que vous nous préparez, vous cherchie vous même votre ſalut dans la fuite.

F I N.

www.ingramcontent.com/pod-product-compliance
Ingram Content Group UK Ltd.
Pitfield, Milton Keynes, MK11 3LW, UK
UKHW021121230726
13926UKWH00002B/589

9 782014 030716